神様が教えてくれた幸運の習慣

田中恆清

GENTOSHA

はじめに

私たちの生活の中には、神道由来の言葉がたくさん生きています。例えば「おむすび」は、神道と深い縁があるのです。おむすびをむすぶとき、手のひらに塩をとります。これには味つけのためだけでなく、お清めの意味もあり、また、お米には稲魂《いなだま》という神霊が宿っているといわれています。手のひらはもっともエネルギーが集中する場所ですから、そのエネルギーと母親の愛情をぎゅっとおむすびに込めるわけです。これが転じて、子どもを大切に育てることを「手塩にかける」というようになりました。

本書ではこのように、身近にありながら意外に知られていない神道の考え方、日本人の心の拠《よ》り所を解き明かしています。この本を読まれて、日本人の生き方の中に八百万《やおよろず》の神々が密接に関わり合っていることを知っていただき、日本の歴史や文化、伝統に誇りを持っていただくための良き機会になれば、幸いです。

神様が教えてくれた幸運の習慣　目次

第二章　おむすびには「結び」の力が込められている

第三章　叶わない願い事にも意味がある

装幀　石川直美（カメガイ デザイン オフィス）
写真　青木昇　DTP　美創
編集協力　ヴュー企画　協力　インパクト

第一章　神様とのつながりを築く

七五三の節目を寿《ことほ》ぐのはなぜか？

この世に生を享《う》けてから今まで、無事に生きてこられたことは、奇跡の連続だと思わされることがあります。

「あのとき、一本遅い電車に乗っていたら、事故に巻き込まれていた」というような話はよく耳にしますし、「もし、第一志望の大学に受かっていたら、彼女（彼氏）に出会うことはなく、この子も生まれていなかった」といった話も数多く聞きます。そして、そんな経験をした人は、何かに守っていただいた、導かれていたと口をそろえます。

人は**健康で平穏に暮らせているときには、そのありがたさを忘れてしまいがち**です。しかし、人生は災いと背中合わせ。いつ何どき病気や事故、災難に遭うとも限りません。医療が今ほど発達していなかった時代は、成人する前に病気で亡くなる子どもも珍しくありませんでした。

だからこそ、子どもを授かると戌《いぬ》の日に神社を訪れ、安産を祈願し、無事に生まれると乳飲み児《ちのご》を伴ってお礼のお宮参りをするのです。そして、**三歳、五歳、七歳を迎えると、神社に赴き、無事に育ったことを感謝**します。

こうした行事を日本人は人生儀礼といい、大切にしています。人生儀礼は、無事にその日を迎えられたことをお祝いする風習で、日本人にとって欠かせない行事として代々受け継がれてきたのです。

あらためて考えてみてください。生きていくうえでの節目となる人生儀礼を、一つひとつ通過していけるということは、それだけで幸せなことだと思いませんか。ですから、こうした人生儀礼では、神々に「今まで毎日無事に過ごせて、ありがとうございます。おかげさまで、ここまで成長しました」と感謝を捧《ささ》げる気持ちが大切なのです。

そして、そうした人生儀礼をひとつ、またひとつとこなしていくことこそが人生を堅実に歩んでいくことにつながり、それが生きている証《あかし》になるのだと日本人は考えてきました。

日常的に神様を意識することは少ないかもしれませんが、さまざまな人生儀礼を経ることで、**知らず知らずのうちに神様との接点をもって生きてきた**のです。

散歩ついででもかまいません。神様との接点を意識しながらご近所の神社境内《けいだい》を散策してみてください。そして、今、ここに生きている幸せということに思いを巡らせてみましょう。

人生儀礼を祝うことは
今、ここに生きている
幸せをかみしめること。

お宮参りなど、さまざまな人生儀礼を通じて、日本人は神様とつながっている。人生の節目を無事に迎えられることは、生きている証でもある。

顔を洗い、歯を磨くことも禊

最近のパワースポットブームの影響もあってか、若い人もたくさん神社に参拝にいらっしゃるようになりました。しかも、参拝の作法をあらかじめ勉強されている様子で、二拝二拍手一拝をしっかり守っておられるのには驚きます。

しかし、残念なことに、お正月に「晴れ着」で参拝にいらっしゃる方は年々少なくなっているように思われます。もちろん、我々のように神職ではない一般の方々が参拝するのに、こうでなければならないという服装の定めがあるわけではありませんから、それは皆さんの自由で一向にかまいません。けれども、**晴れ着を着ることには、それなりに意味がある**のです。

「ハレとケ」という言葉があります。ケ（褻）はふだんの生活である「日常」を表し、ハレ（晴れ）は、祭りや年中行事などの「非日常」のことを表します。お正月もハレの日。非日常の特別なことですから、**身を整えて、晴れ着を着て、神様の前に詣《もう》でた**わけです。日本人というのは、こうしたメリハリをとても大事にして生きてきました。お正月だけでなく、一年の節目節目に行われる年中行事も大事にしてきましたし、同じように、人間の一生の間に行われる人生儀礼も大切にしてきたのです。

日本人は、一日一日にも、けじめをつけて生きてきたといってもいいでしょう。朝起きて顔を洗って、口をゆすいで歯を磨く。「今日も一日頑張るぞ」と神様に手を合わせて仕事に出かけ、一日が終わったら、お風呂に入って身を清め、「今日も無事に終えられました。ありがとうございます」と手を合わせる。顔を洗って、歯を磨くのも、お風呂に入るのも、別に特別なことではないのでは？　とおっしゃる方がいるかもしれませんが、これは、まさに禊《みそぎ》ではないでしょうか。

一日の穢《けが》れを落とし、身を清める。外国人からすれば、歯を磨くのも、お風呂に入るのも、汚れを落とす行為以外の何ものでもありませんが、日本人には、一日のけじめをつけるという意味があります。

こうした節目を大切にするという生き方は、何も特別な人だけがやっていたわけではありません。祖父母からその子どもに、さらに、その子どもへと伝承され、日本人がごくふつうに行ってきたことなのです。

ところが、最近は核家族化で断絶が起こり、伝統的な生き方が伝承されなくなっています。そのせいか、今の日本人は、どうもだらだらしているように思えてなりません。けじめがついていないのではないでしょうか。

神社では、さまざまな年中行事や人生儀礼が行われています。なぜ、そうした儀式が脈々と伝わってきたのか。それは儀式を行うことで、けじめのある日々を送ることができるからです。つまり年中行事や人生儀礼は、**人々が活き活きと暮らしたり、その地域の繁栄を願う**ために培われてきた、生きる知恵の集大成です。

人生儀礼を大切にし、けじめのある生活をしていただきたいと願っています。

「一日」「一年」そして、「人生」にもけじめをつけて生きる。

人生をだらだら過ごしてはもったいない。年中行事や人生儀礼は、人生の節目節目にけじめをつけるための知恵。

自分のことしか考えない人には限界がある

最前線に立つビジネスマンは、戦士にたとえられるほどですから、熾烈《しれつ》な毎日を送っているのでしょう。中には、他人を出し抜いてまで、出世をしようとする人もいるでしょう。昇進して今よりもたくさんのお金を貰《もら》って豊かな暮らしがしたいとか、家族を幸せにしたいと思う気持ちがその原動力になっているのかもしれません。その気持ちはよくわかります。しかしながら、そんな人こそ「禊祓《みそぎはらえ》」の精神を心のどこかに持ってほしいものです。

神道では、**禊祓をすることで、本来あるべき自分になる**わけですが、これは伊《い》邪《ざ》那《な》岐命《ぎのみこと》が黄泉《よみ》の国から戻り、禊祓をしたことに由来します。禊祓は、自らの意志で禊祓をする、自らの行いを省みるということでもあるでしょう。それによって、自らの行いを戒め、心を省察し、より良く生きていくことにつながります。

つまり、心を磨く努力を怠らないことが大切なのです。

自分だけが得をしたいとか、もっと自分を認めてほしいなどと、人は往々にして自己中心的になりがちですが、天台宗《てんだいしゅう》を興した最澄《さいちょう》は自分を忘れて他に利することを「忘己利他《もうこりた》」と説いています。

そもそも、己のことだけ考えて努力をしても限界があります。

ある有名な野球選手は、子どもたちにもっと野球の面白さを知ってもらおうと、自費を投じて野球教室を開きました。

そして、子どもたちに野球を教えるうちに、自分自身も野球の面白さを再認識することになり、新しい野球が見えてきたそうです。

自分が培ってきたものを、**ほかの人にも役立てたいという気持ちが、かえって自分の成長にもつながった**のです。

若い頃は、自分の力を伸ばそうと邁進《まいしん》するのもいいでしょう。それでも、個人の力に限界を感じたときや壁にぶつかったときには、自らを省み、まわりを見渡してください。そこで、**自分が「独り」で存在しているのではなく、共同体の中の「一人」なのだ**と気づけば、新たな生き方がきっと見つかるはずです。

他人に尽くすことが、自分を成長させる。

自分の欲だけを追求していては、いずれ限界が訪れる。他人のための行動が、新しい可能性を生む。

なぜ人は「見た目で決まる」のか?

日本人はきれい好きな国民として知られています。世界一お風呂が好きな民族だといわれていますし、食事処で出されるおしぼりも清潔でいかにもその国民性を象徴しているでしょう。この精神性は、禊《みそぎ》の文化が日本人に浸透しているからではないでしょうか。

禊とは川や海に浸《つ》かったり、滝に打たれたりすることで心身の穢れを祓《はら》うもので、馴染《なじ》みのあるものでいえば境内の手水《てみず》もそのひとつです。まずは**身体の汚れを落とすことで、心を清く保とう**というわけです。これは身のまわりをきれいにしておくことにも通じます。子どもの頃から身だしなみを整え、身のまわりをきちんと片づけなさいと厳しく躾《しつ》けられてきた人も多いことでしょう。日本人は目に見える不浄が精神にも影響を及ぼすと考えてきたのです。

ところが、近頃は、勉強や習い事など、子どもに与えられる課題が多くなったせいでしょうか、「これ以上口うるさくいうのは気の毒」とばかりに、躾が甘い親が増えたように思います。そのせいで片づけられない人が増えているようです。子ども部屋をのぞくと、本がきちんと並んでいなかったり、机の上に筆記用具が散乱していたり……。注意しても、「このほうが落ち着くんだ」とうそぶく。

私の父は、神職の髪が少しでも伸びていれば、切ってきなさいと散髪代を出していましたし、白衣の汚れも口うるさく注意していました。神職は言葉で自分の行動の良し悪《あ》しを補うことはできません。ですから、**身なりや所作でその人となりを判断される**ことになります。それを念頭に置いて、身だしなみはもとより、一挙手一投足にも気を配りなさいという教えです。身のまわりに気を配れば、自《おの》ずと精神も正されてくるのです。整理整頓をぜひ身につけてください。

身だしなみを整えようとする気持ちが心を正しく保つ。

日本人は、元来きれい好きな国民であったが、近頃は汚くても平気だという人が増えている。身なりや所作からも自分が評価されていることを忘れてはいけない。

状況は変化する

悪いことだけの人生はない

人間、生きていればさまざまなことがあります。かくいう私も幼い頃に小児喘《ぜん》息《そく》の発作で生死の境をさまよいましたし、大型バイクにはねられて重傷を負ったこともあります。しかし、沈む瀬あれば浮かぶ瀬ありとはひとつの道理で、**悪いことがあった後には良いこともきちんとあった**ものでした。

今から千年以上も前の中国に雲門文偃《うんもんぶんえん》という禅僧がいました。この方は漢字一字で禅を説いたことで知られています。

ある日、修行僧が「仏とはなんぞや」と尋ねると、雲門文偃はひと言、「露」と答えました。露は夜降りてきて辺りを濡《ぬ》らします。しかし、やがて夜が明け、日が差すと次第にその姿は消えていき、ジメジメとした夜の状況はあたかも幻だったかのように、周囲の様子は一変します。それと同じように、いつまでも暗い時期が続くのではありません。必ず日の差す時期はやってくるのです。

しかし、頭ではその理屈がわかっていても、なかなか納得できないのが現実です。実際につらいことに直面すると、我が身に起こったことを呪《のろ》い、とても未来など考えられず、また信じられなくなることもあるかもしれません。

そこでもがいても、いかんともしがたいという気持ちもわかります。

そんなときには神社にお越しください。家族や友人を頼るように神社を心の拠りどころにしていただきたいと思います。神様に自分の思いのうちを話すことで落ち着くこともあるでしょう。心静かにお参りしていると、**きっとあなたの内なる神が励ましてくれる、そんな気配を感じる**ものです。

神社の静謐《せいひつ》な雰囲気の中に身をおくと、いろいろな感覚が研ぎ澄まされます。寄る辺なく悩んでいては、マイナス思考にもなってしまうものです。そんなときは神様に会いに来てみてください。きっと心に響くものがあるはずです。

どんなに深い漆黒に
包まれようと、
明けない夜はない。

苦しいときの神頼みでよい。
闇の出口がきっと見つかる。

言葉を正すと所作も美しくなる

江戸時代の国学者で歌人としても知られる賀茂真淵《かものまぶち》が「言霊《ことだま》は、いふ言に即《すなわ》ち神の霊まして、助くるよし也」という言葉を残しています。これは、口にした言葉に神様が宿り、助けてくれるという意味で、言葉には魂が宿るという日本古来の「言霊信仰」を表した一節です。

現代でも、言霊信仰は日本人の意識に深く根づいていて、暮らしのそこここに言葉の力を信じる行いがずいぶん見られます。

例えば、工事現場の作業員の方々は、仕事を始める前に全員が集まって「ご安全に」と声を掛け合います。もちろん、そこには互いに注意を促すという意味合いも含まれていますが、**口に出したことがその通りになる**という、言霊信仰に基づいた行いでもあります。「ご安全に」ときちんと声にすることで、その日の作業が安全に進むよう祈りを込めているのです。

また、結婚式など祝いの場では「去る」「切る」などの忌《い》み言葉を使わないという伝統があります。これも言霊信仰の一環です。不吉な言葉を使うと不幸を招いてしまうので、より美しい言葉を使おうという精神が、日本では伝統的に受け継がれているのです。

しかし近頃、「ウザい」「ヤバい」といった美しくない言葉が氾濫しているように見受けられます。たしかに、**時代の流れの中で新しい言葉は生まれる**ものです。古典を読んでいても今とは解釈の違う言葉がたくさんあります。

「罵《ののし》る」や「自然」などはその好例でしょう。

罵るは、現在では「悪口をいって騒ぐ」という意味で使われていますが、もともとは「大きな音を出すこと」を指す言葉でした。

また、「自然」という言葉はそもそも「じねん」と読まれていました。

「自」には「自ず」、「然」には「然《しか》り＝その通り」という意味があり、「自ずとそうなる」ということを表しています。つまり、「自然は時に厳しい試練を人間に与えるが、だからといって、恨み、対立してはいけない。そうなるということを受け入れて、自然と共生することが大切である」という、まさに**日本人の自然観が込められた言葉**なのです。それを、「しぜん」と読んでしまうと、そういった深い見識や思いが薄れてしまいます。

そうしたことを踏まえながら、それぞれの言葉の持つ意味をわかる範囲でかまわないのでもう一度考えてみてください。ふだんは何気なく使っている言葉ですが、少し意識して言葉を使うと、自分自身の姿勢も正される、そんな気がしてくるものです。美しい言葉、きれいな言葉を使うことによって、美しい所作や品が備わります。そうした心がけが、良い「気」を呼び込むことにもつながるのではないでしょうか。

汚い言葉は不運を呼び、
美しい言葉は幸運を招く。

言葉には魂が宿り、口に出
したことがその通りになる。

神様にも得意分野「持ち分」がある

八百万《やおよろず》の神様というように、日本では森羅万象に神様が宿ると信じられていきます。山の神様や火の神様だけでなく、厠《かわや》の神様やお米の中にいる神様など、たくさんの神様がいらっしゃるのです。西洋のように全知全能の神様がひとりいるのではなく、各々、得意なことを持った神様がたくさんいて、それぞれの役割をまっとうされているわけです。

有名な岩戸隠れの話でも、**天岩戸《あまのいわと》にお隠れになった天照大御神《あまてらすおおみかみ》を、何とかして外に出そう**と神様たちが力を合わせました。アイデアを出すのがうまい神様が、鳥を鳴かせてみてはどうだろうかと持ちかけると、それを受けて神様が鶏を集める。一方で、お祭りに鏡が必要であれば、鏡作部《かがみつくりべ》の祖神《おやがみ》が鏡を作ります。また、勾玉《まがたま》が必要となれば、玉造部《たまつくりべ》の祖神が美しい勾玉を作ってくれる。こんな具合に「わし、これはできへんけど、これやったら得意や」と協力して、神様たちが力を合わせて、天照大御神を外へ出すことに成功したのです。

これは人にも同じことがいえるでしょう。リーダーシップを発揮して、先頭に立って仕事を進めるのが得意な人もいれば、補佐役に徹して、周囲の人々をサポートするのが上手な人もいます。

また、子どもにも、勉強のできる子、体育がずば抜けた子など、それぞれ力を発揮できる「持ち分」があるものです。

若い人がよく「若者の分際で」と叱られることがありますが、これは悪い言葉ではなく、**若人《わこうど》には若人の役割があるから、それをわきまえて、そこでしっかり頑張りなさいよという励まし**なのです。

私には神社本庁の総長という持ち分があるわけですが、もし自分の役割をないがしろにしていたら、本庁の機能はうまく回っていかないと思います。各人が今ある持ち分を理解し、協力し合うことが大切なのです。

この「自分の持ち分を守る」ということは、**自らの役割を果たすだけでなく、他人の持ち分を侵さない**ということにも通じます。

人は往々にして自分のできないことに憧《あこが》れて、身の丈以上のことに手を出したがるものです。しかし、それで自分の持ち分が疎《おろそ》かになってしまったら本末転倒でしょう。不得手なことは、上手にできるほかの人に頼んで、自分の得意なことを生かして、まわりの人を助ける。人は持ち分をわきまえることで共存できるのではないでしょうか。

それぞれが
自分のできることをする。

万能の人はいない。自分ができることは頑張り、できないことは上手な人に助けてもらう。

逃げ道を作らず、今の場所で努力する

東日本大震災の発生後、被災地には、自分の責務を果たそうと必死で戦っている方がたくさんいました。瓦礫《がれき》の中に生存者を捜す方、けが人・病人を介護する方、さらに、原発で作業をしていた方など、自分を奮い立たせ、今、自分ができることに真剣に立ち向かう、そんな姿がそこここで見られました。この姿勢こそ、まさに「一所懸命」です。これは文字通り、**ひとつのところに命を懸けるという精神**です。

似たような言葉に「一生懸命」があります。ひとつのところに懸けるか、一生を懸けるか、意味は違うように感じますが、「一生懸命」は「一所懸命」が転じたもの。ですから意味に違いはなく、両方とも全身全霊で立ち向かう精神を表現しています。

日本人は、「一所懸命」の精神、つまり、この先どうしたいかではなく、今この瞬間を精一杯生きるということを重視してきました。

ところが、残念なことに、何かに命を懸けて取り組む姿を見かける機会が少なくなったように思います。仕事にしても、人間関係においても、**ちょっと嫌なことがあるとすぐに投げ出してしまう人が増えている**ような気がします。しかも、そんな人に限って、「ここじゃなければ私はもっとできる」とか「嫌な人がいるから力が発揮できない」と言い訳をするものです。そうやって逃げるのではなく、まずは、今の場所で、その瞬間を精一杯生きてみてください。

自分はそんなに強くないと思う方もいらっしゃるでしょうが、大丈夫です。今いる場所で踏ん張る強さは、一部の人だけが持っているものではなく、日本人であれば誰しも持っているはずです。

それを証明してくれたのが、被災地で懸命に暮らす方々です。自分の家や田畑、漁場が壊滅的な被害に遭ったにもかかわらず、**自分が生まれ暮らしてきた場所に残り、懸命に暮らす姿**は、「一所懸命」の思想そのもので、我々に、今いる場所で頑張るという大切なことを思い出させてくれました。

それぞれの場所で踏ん張って、一日一日を大事に生きてみてください。そうすればきっと、見える景色は変わってくるはずです。

二度とない「今」を
ひとつずつ
積み重ねながら生きる。
一生はその連続。

大切なのは、今生きている瞬間を精一杯生きること。嫌なことから逃げてばかりでは、幸せにはなれない。

九十九％の努力と一％の天の助けが成功につながる

　ふだん神社の前を素通りしていた高校生が、受験帰りにやってきて拍手《かしわで》を打ってお参りする姿を毎年のように見かけます。まさに苦しいときの神頼みです。日本の神様は寛容ですから、「そんなことではいけません」とはいいません。それで一向にかまわないのです。神様と向かい合うだけで、心が落ち着き、不安が軽くなるはずです。ただし、いうまでもありませんが、いくら神様でも出来の悪かった試験の結果を覆《くつがえ》してくれるわけではありません。それならば、神様に祈ることは無意味なのかといえば、決してそうではなく、**大事なのは神様に守っていただいているという思いと感謝の気持ち**です。たとえ試験は失敗に終わったとしても、あなたの願い事は目先の現象ではなく、もっと奥深いところで叶《かな》うのです。

かの発明王エジソンは、私が宮司を務める石清水八幡宮《いわしみずはちまんぐう》のある京都・八幡《やわた》の竹を炭化したものをフィラメントに使用し、白熱電球の長時間点灯すなわち実用化に成功しました。後にエジソンは「九十九%の努力、一%のインスピレーション」という言葉を遺《のこ》しています。この言葉に縁を感じずにはおれません。インスピレーションとは、霊感であると同時に神の意志のことです。寝る間も惜しんで、努力に努力を重ねた結果、エジソンは天からの助けを授かったのです。

神様に何かお願いする前に、ふだん、自分はどんな生活をしているか、今一度、考えてみてください。神道では「祓え給《たま》い、清め給え」と唱え、心清らかに神様と向かい合い、心を無にして静かに祈ります。「無心になりなさいといわれても難しいですよ」とあきらめ顔をする方が少なくありませんが、どなたも無心になった経験があるのではないでしょうか。例えば、**好きなスポーツに打ち込んでいるときは無心になっている**でしょう。そんな心境で向かい合うと、神様に心が伝わり、また何かが伝わってくるはずです。

感謝の念を持ち、必死に生きる人を神様は見守る。

一所懸命努力するまっすぐな思いは、必ず神様に通じる。

第二章

おむすびには「結び」の力が込められている

なぜ二十年ごとに神様のお住まいを建て替えるのか？

伊勢神宮では二十年に一度、「式年遷宮《しきねんせんぐう》」というわが国最大のお祭りが行われます。今まで神々がお鎮《しず》まりになっていた**お社《やしろ》などを建て替えるのをはじめ、着物や日用調度品などもすべて新しくして、神様に新たな御社殿へお遷《うつ》りいただく**のです。

まだ使えるのにと、二十年ごとにお社を取り壊すことに疑問を持つ方もいらっしゃいます。たしかにこの遷宮は、約一万三千本のヒノキ材を伐《き》り出すお祭りに始まり、クライマックスである「遷御の儀」まで三十三ものお祭りと行事が行われ、それらのほとんどが人間国宝級の職人たちの手によって造られます。

それに比べ、西洋の神殿など石の建造物は、今あるものが永遠に残ることを求めて頑丈なものを造りますので、合理的に感じる方もおられるかもしれません。

しかし、式年遷宮は、神道特有の「永遠」の考え方に支えられてきました。千四百年前に、すでに奈良の法隆寺が建てられていましたから、当時の日本の技術でも永久的な御社殿を造ることはできたはずです。けれども伊勢神宮は、**二十年に一度、寸分違《たが》わずすぐ隣に造り替える**ことで、いつでも新しく、いつまでも変わらないもの、つまり、永遠をめざしてきたのではないでしょうか。

また、連綿とこの伝統を守ってきたのは、神々のお住まいになっているものは、常に新しくきれいにしておかなければならないという考えからです。二十年という歳月は環境も変えますし、技術も日進月歩です。その時代の職人が今ある最高の技術を駆使し、しかも、昔の人の気持ちを織り込みながら、今の環境に合ったものを新たに造ってきたのです。

今回の遷宮では神宮宮城林の樹齢百年ほどの木も伐採し、使われましたが、また次のために必ず木を植え、大切に育てます。こうして、神域としての森を守っていくかたわら、樹木の命をつないでいくのです。その一方で二十年経《た》って解体された御社殿などの御用材は、境内の鳥居に用いられたり、ほかの神社で再利用されたりします。リサイクルを基本とした循環型のシステムができているのです。これは木の文化を育《はぐく》んできた、日本ならではの発想といえるでしょう。

アメリカの建築家、アントニン・レーモンドが伊勢神宮を参拝したとき、こんな言葉を残しました。

「伊勢の深い森の中に、世界で一番古くて新しいものが存在する」

日本人の根底には、**常に新しい命を蘇《よみがえ》らせていくという文化**があります。

広い意味では、毎日、顔を洗い歯を磨く、お風呂に入るという日常の習慣も、常に心身を清め、命を再生していることに通じます。また、折々の年中行事、成人式や結婚式などの人生儀礼も、人生を新しく出発する再生の儀式だといえるでしょう。

いつでも新しく、
いつまでも変わらない
ものをめざす。

木の文化を育んできた日本人
は、再生や再利用を心がけ、
あらゆる命を大切にしてきた。

生命あるものを生み出す「結び」の力

近頃は縁結びの神様に若い女性がこぞって参拝に訪れ、お守りなどをたくさん受けているといいます。

なるほど「むすび」という言葉は、何かと何かをつなげて関係づけることを指し、それにより何か新しいものが生まれます。男女が出会い結ばれ、夫婦になり、生まれた子を「むすこ」「むすめ」といいます。

そして、「結び」は男女に限らず、もっと広い意味で愛情を表す言葉なのです。例えば「おむすび」。お母さんがお米を炊いて、ごはんを両手でぎゅっとむすんで作ります。ごはんに**塩を振るのは味つけのためだけでなく、お清めの意味**もあるのです。

お米には稲魂《いなだま》という神霊が宿っているといわれます。おむすびを握るときには、両手を合わせなければなりません。それは**拍手《かしわで》と同じように、思いを込める行為**です。古来、日本のお母さんたちは自分のエネルギーを稲魂とともにおむすびの中に込めて、子どもたち、あるいは夫が無事で元気に過ごせるように祈りながら、愛情を込めてごはんを握ったのではないでしょうか。大事に育てることを「手塩にかける」といいますが、それもこのおむすびを起源としています。

また、昔から日本人は、職人が精魂込めて作った道具や名作といわれる芸術作品には魂が宿ると考え、大切に扱ってきました。この物作りを重んじる精神が、匠《たくみ》と呼ばれる職人を生み、伝統技術を今日に伝えてきただけでなく、近代の工業技術を発展させ、世界の人々に愛される物作りの国、日本を形作ってきたのです。

ご先祖様が手塩にかけて大事に育んできた人と人との縁、「結び」を大切にして生きていきたいものです。

おむすびは、稲魂と母の愛情を結ぶ、日本の伝統食。

「結び」の力を大切にしてきた日本人。縁結びだけでなく、おむすびにも深い愛情と思いやりの心が込められている。

傲慢な気持ちを諫める

自然を畏れ、敬う心があれば「驕り」は生じない

自然は時として厳しい試練を与えることがあります。近年でいえば、東日本大震災は私たちの心に大きな爪あとを残しました。

神社本庁の責任ある身として私もすぐに被災地に赴きましたが、あまりにも凄《せい》惨《さん》な光景を目《ま》の当たりにして言葉になりませんでした。正直に申せば、**被災された方々にどういう形で手を差し伸べればよいのか、どんな言葉をかけたものか、皆目見当がつきません**でした。

しかし、そこで立ち止まってもいられません。私たちにできることを見つけようと、現地の方、一人ひとりと話をしていきました。

そこで気づいたのが、こんなに苛《か》烈《れつ》な状況にもかかわらず、悲観するだけでは

ない人が多いことでした。

そんな中の、ある漁師の方の言葉が今も忘れられません。

「この津波は、海に積もり積もった汚れを流してくれたんだ。だからいずれは、今までよりも豊かな海になる。そのときにはまた漁に出るんだ」

ここまでいえるようになるには、さまざまな葛藤《かっとう》があったことでしょう。それこそ神も仏もあったものかと嘆いたかもしれません。それでもこの方は、自然をあるがままに受け入れたのです。

農業や漁業、林業などは、自然から恩恵を受ける一方で、日照りや水害などの自然の脅威にさらされます。自然の恩恵と計り知れない恐ろしさにさらされてきた人々は、**自然現象は神様の思《おぼ》し召《め》しと考え、自然現象から神様の意志をうかがおうと、自然の現れでもある杜《もり》に神様を祀《まつ》ってきた**のです。それが鎮守の杜の始まりだったのではないでしょうか。

しかし、今どきは科学の力で自然に抗《あらが》い、あまつさえコントロールしようとしています。これは驕《おご》りであるといわざるを得ません。

あの瓦礫《がれき》の山を目の当たりにしたら、人知が自然の力を超えるなどとは、口が裂けてもいえないはずです。

何もかも自分の思い通りにしようと傲慢《ごうまん》にならない。今一度、**日本人が古くから培ってきた自然を畏敬する精神性**を見直してもいいのではないでしょうか。

天災でさえ受け入れ、それでも、あきらめない。

自然の脅威に触れることで、受け入れる心と、それでもあきらめない姿勢を培ってきたのが、私たち日本人。

物にも感謝する

「トイレの神様」は日本人の生活の知恵

日本人は古来、万物に神々が宿っていると考えてきました。

今どきそんなふうに考える人はいない、と異を唱える方もあるでしょう。でも、よくよく考えてみてください。お正月には注連縄《しめなわ》を飾ります。いうまでもなく、**人の住む家にも神様が宿っていますから、神棚を設《しつら》えます**し、お正月には松飾りをして鏡餅を供えます。車を買ったら、神社でお祓《はら》いをしてもらってお守りを車に祀りませんか？　それは、車にも神様が宿っていると考えているからにほかなりません。

日本人は、家の中のいたるところに神様がいると考えてきました。「トイレの神様」というヒット曲がありましたが、その通り、トイレにも神様がいらっしゃる。ですから、ふつうにいえば「便所《べんじょ》」ですが、汚く聞こえないように、「厠《かわや》」とか、「御不浄《ごふじょう》」「お手洗《てあら》い」など、なるべくきれいに聞こえる言葉に言い換えてきたわけです。

「トイレをきれいにすると安産になる」という昔からの言い伝えがありますが、これも「トイレをいつもきれいにしておくと、可愛い赤ちゃんが生まれるよ」と意識させることで、汚くなるはずのトイレを美しく清らかに保つようにしてきた、いわば、日本人の生活の知恵です。

同じように、箒《ほうき》にも神様がいらっしゃる。箒の神様は、箒神《ははきがみ》といわれる神様です。「掃く」「掃き出す」という行為が、出産と結びついて、「妊婦のお腹《なか》を新しい箒でなでると安産になる」「箒をまたぐと難産になる」といわれたり、**玄関に逆さに箒を立てることで、長居の客を帰す**（家から掃き出す）という言い伝えもあります。

このように日本人は、小さい頃から物にも神様が宿ると教え込まれているのです。ですから、物を大切にします。物は単なる物ではないのです。物にも神様が宿ると考えることで、生活の中に存在する物との関わりを深め、清らかに暮らす知恵を生み出してきたのではないでしょうか。

お正月には、パソコンの上にも鏡餅を供えたりする人がいます。外国人の目からしたら、日本人は何とも奇妙なことをしているように映るかもしれません。

使い終わって**捨てる物にでさえ、感謝の意を示す風習**もあります。例えば、針供養や筆供養というのがあるでしょう。これは、世界でも稀《まれ》にみる日本人独特の感性であり、物にも神様がいると捉《とら》えている証なのです。

人間に命があるように、物にも命があり、神様が宿る。

日本人は「物は単なる物質ではない」と考えてきた。物にも命があり、神様が宿ると意識することで、物を大切にし、感謝する気持ちが芽生える。

歴史をつなぐ

粋な棟梁はわざと仕事を終わらせない

石清水八幡宮では、平成二十二（二〇一〇）年に御鎮座千百五十年という大きな節目を迎えました。そこに向かって平成の大修造に着手、平成二十一年三月に第一期の工事を終え、御本殿、舞殿《ぶでん》、幣殿《へいでん》、楼門《ろうもん》などが美しい姿に蘇りました。

現在の御社殿を造営したのは、寛永十一（一六三四）年ですから、実に約四百年も前のこと。木造の建物は、呼吸をして、湿気があれば汗をかき、寒ければグッとその身を固めます。木造建築は、いわば、**我々とともに生き、そして、老いる**のです。

ただし、コンクリートのように気密性が高くないですから、年月を重ねると、あちらこちらが傷みます。飾り金具と柱の隙間《すきま》から雨水が入り込んで、木の内部が腐食しているところもあれば、朽《く》ち始めている部分もありました。

しかし、こういった変化は、至極当然のこと。そもそも日本には、建物はずっと直し続けるものだという考え方がありますから、修繕するのは、造営したときから織り込み済みなのです。棟梁《とうりょう》や宮大工はもちろん、石清水八幡宮で働く人々も、これで完成だとは、誰一人思ってはいません。

木造建築を建てるということは、未完成のものを作り続けるということだと思います。中には、**粋《いき》な宮大工のはからいで、あえて中途半端なままにしておくこ**とがあります。例えば、二つ同じ形でなければおかしいものを、意図的に片方だけ違う形にしておいたりするのです。これには、後世の棟梁に向けた「お前さんが直してくれよ」というメッセージが込められています。

ほかにも、壁の塗装を途中でやめて、わざと完成させないこともあります。これも、ただ手を抜いているわけではなく、歴史を重ねていくことを前提にして、次の補修で仕上げてもらえばいいと考えているのです。

こうした考え方の背景には、物事は代々受け継がれていくという考えがあります。つまり、古くからあるものをそのままにするのではなく、絶えず刷新し、歴史をつなげ、未来を作るといった思想で、神道の「中今《なかいま》」という精神に通ずるものです。

「中今」とは今が大切だと考えて精一杯生きることでもありますが、**今があるのは過去のおかげであり、未来のためである**といった思想でもあります。

先祖に感謝し、子孫を思いながら今を大切に生きる。これが、神道の「中今」という思想が示す、人間として常に心に持っておくべき大切な思いです。

完成させなくてもよい。未来の技術に思いを託す余裕が大切。

今があるのは過去があったからこそで、今は、未来への糧となる。今さえ良ければいい、というのは通用しない。

日本人の心のふるさと

千五百年、毎日、神々に朝夕のお食事を用意する

平成二十五（二〇一三）年の遷宮で注目された伊勢神宮。人々は二十年に一度、お社などを新たに建て直し、御神体を遷すと聞かされると、驚くと同時に伊勢神宮の神秘性に思いを新たにしたことでしょう。

しかし、伊勢神宮の特筆すべき神事は遷宮だけではありません。日々の行いの中に綿々と継承されてきたことがいくつもあるのです。そのひとつが、**天照大御神をはじめとする神々に朝、夕のお食事を捧げるお祭り**です。豊受大神宮《とようけだいじんぐう》（外宮《げくう》）のご鎮座以来、千五百年にわたって欠かすことなく行われています。

神職は、夜明けを前に心身を清め、昔ながらの火きり具で清らかな火をおこします。その火で、伊勢志摩の豊かな自然環境でとれた新鮮な山海の幸を調理して

お供えします。

お米も野菜もすべて自給自足です。田植えや稲刈り、野菜・果物の栽培もお祭りの一環ですし、それを収穫するのは大切なご奉仕です。一年を通じて約百種類の収穫があり、祭典ごとにどの野菜、果物を使うのか、サイズまで定められています。

神様の食事を盛る食器も、専用の土器調製所で作られます。皿や御酒壺《おんさかつぼ》、御水《おんみず》碗《まり》、御盃台《みさかずきだい》、御箸台《みはしだい》など、一年間に約八万個もの器が作られます。

さらに神様の衣服である神御衣《かんみそ》も丁寧に作られています。毎年春と秋、絹は神《かん》服織機殿《はとりはたどの》神社で、麻は神麻続機殿《かんおみはたどの》神社で織られ、無事にでき上がるとお祭りが行われ、奉納されます。

すなわち、**衣食住に関するすべてのことが神事である**のです。「食」は毎日、「衣」は季節ごと、「住」は二十年に一度、調えるというご奉仕を長い年月にわたって続けてきたのは、「今年も豊作で、世の中は平穏で、人々が幸せに暮らせますように」との祈りであると同時に、神々への感謝の表れなのです。

手間や無駄を排除する傾向に走る現代にあって、伊勢神宮はいにしえからの伝統を今に継承してきました。そして**次世代へと伝えていく**のです。

変わることよりも、変わらないことに意味がある。

安易なほうに変えていくことは簡単だが、あえて「変えない」という選択肢もある。祖先が守ってきた伝統文化は、悠久の時を超え、次代に残すべき国の宝。

稲は「命の根」

日本人にとって、米は命の根源だった

神社でお祓《はら》いや祈願を受けるときに納めるお金のことを「初穂料」といいます。初穂とは字の通り、その年に初めて刈り取られた稲穂のことで、**最初に収穫したお米を、神様に感謝を込めてお供えした**ことに由来します。

初穂は瑞々《みずみず》しい生命力が宿る貴重なものとされていたため、初穂を捧げることは「私たちの一番大切なものを神様に捧げます」という意味が込められています。やがて酒や食べ物など、神様に捧げるものも「初穂」と呼ぶようになり、現在ではお金もそう呼ぶようになったのです。

伊勢神宮では、秋に一年で一番大きなお祭り、神嘗祭《かんなめさい》が執り行われます。このお祭りでは、天皇陛下が御自《おんみずか》ら丹誠を込めてお作りになられた新穀をはじめ、神宮神田の新米、全国の篤農家から奉納された新米を供え、神様にお召し上がりいただきます。

稲は「命の根」だからイネと呼び、その命の根に「込められている」実をコメと呼ぶようになったとの伝えもあります。それだけに、いわばお米は命の源。人が**生きていくうえで欠かせない水と塩とともに、神棚に供えるのが習い**です。お米は研ぎ、水はその日の一番に汲《く》んだものがふさわしいとされています。

季節のものやお土産《みやげ》などをいただいたときには、まず一番に神様にお供えしてから、家族でそのお下がりをいただくと神様も喜ばれます。

もし神棚がなければ、高いところに御神札《おふだ》が南か東向きになるように祀るというのでもかまいません。祈りと感謝の場があるだけで、気持ちが清々《すがすが》しいものになるから不思議です。試してみてください。

日々の感謝と喜びは
神様とともにある。

家族を見守ってくれる神様。
手を合わせる習慣で、日々を
喜び、試練も前向きに捉えら
れるようになる。

正しい道筋を立て、その道を自分の足で歩む

仏教、キリスト教、イスラム教、ヒンズー教など、宗教には「教」という字がつきますが、神道は神道教とはいいません。それは取りも直さず、神道は「教え」ではないからです。ですから、特定の教典もなければ、特別の教義もありません。

我々神職は、神道を説明するためによく「かんながら（随神・惟神）の道」という言葉を使います。これは**神を敬い、祭祀《さいし》を重んじ、神様の御心に沿うよう、自分なりに正しい筋道を立てて生きていく**ことを指します。

道とは、わかりやすくいうと倫理道徳のこと。神道では神々によって示された倫理道徳を踏みたがうことなく、歩んでいく生き方が問われるのです。つまり、

「何かを信じる」ではなく、「何を行うか」が重視されるわけです。

戦国時代に布教で日本を訪れた西洋の宣教師が、「日本人はとても勤勉で礼儀正しく秩序が保たれているのに驚いた」と記した手紙や回顧録の存在はつとに有名です。当時の日本人には、「先祖や親、兄弟を大切にする」「礼儀を尽くす」「自分の分《ぶ》を守る」といった倫理や道徳を守ろうとする意識が当たり前に浸透していたのです。

日本には、柔道や剣道、茶道や華道など、道とつく文化がたくさんあります。相撲道などはその極みといってもいいでしょう。土俵に神を祀り、力水《ちからみず》で口を清め、塩をまき、拍手を打つという一連の動作は神道の真髄。柔道にしろ、剣道にしろ、「礼に始まり、礼に終わる」のが習いです。

戦う前と後には一礼し、勝っても負けてもお互いの礼儀は守る。相手は、**敵ではなく同志であり、戦いを通して自らの心を養ってもいる**のです。

信じるだけではなく、日々の行いが大切。

柔道、剣道、相撲道……。勝ち負けよりも、相手を尊ぶことを学ぶ。

神道の死生観

神より出でて、神に入るなり

人は死んだのちどうなるのか、と聞かれることがあります。この問いにわかりやすく答えているのが、江戸時代の神宮祠官《しかん》中西直方《なおかた》の歌です。

日の本に生れ出《い》でにし益人は神より出でて神に入《い》るなり

日本に生まれた人々は、**神の世界から来て、神の世界に帰っていくという、神道の死生観**を的確に捉えた歌です。

ほかの宗教のように、善行を積んでいる人は天国で、罪深い人は地獄などと、この世の行いで分けられるものではなく、万人が等しく神様になるのです。

人間、生きていれば、魔が差して悪いことに手を染めてしまうことがあるかもしれません。それでも神様として祀られるのは、**亡くなってからの「神格」と生前の「人格」を分けて考えているから**です。

例えば神社には、歴史に登場し、その時代を牽引《けんいん》した多くの武将たちが祀られています。織田信長や豊臣秀吉がいなければ、日本は他国の属国になっていたかもわからない。すなわち、業績は業績として認めているわけです。それこそが、日本人の持つ寛容さなのです。

とはいうものの、いくら寛容だからといって、悪を許しているわけではありません。神道の説く、人としての生き方、基本姿勢である清く、明るく、正しく、直《なお》くという「浄明正直《じょうめいせいちょく》」を常に心がけ、道から外《はず》れて人を欺《あざむ》いたり、傷つけてはいけません。たとえ陰で悪さをしようとも、お天道様は必ず見ていらっしゃるのです。

「浄明正直」に生きる。

万人が等しく神となるが、悪を許しているわけではない。

ご先祖様はその家の守り神になる

お正月や夏休みになると空の便も鉄道も人、人、人であふれ返り、その光景はもはや日本の風物詩となっています。海外に出かける方も珍しくありませんが、圧倒的に多いのは、帰省ラッシュといわれるように、都会で働く人々が家族を連れ、故郷に帰る光景です。神事や仏事を疎かにする傾向が強いといわれている昨今ですが、**ご先祖様を敬うお盆を大事にする姿**にはほっとさせられます。

お盆は仏教の盂蘭盆会《うらぼんえ》が由来ですが、仏教が伝来する前から、先祖の霊を迎える祭りが日本にはありました。それが仏教の風習と融合して、現代のお盆となったのです。

お盆は、昔から親戚一同が集まる格好の機会でした。就職や進学で故郷を離れた兄弟姉妹や親族が一堂に会し、今はなき故人の思い出話に花を咲かせば、それだけで立派な供養となります。祖先と自分のつながりを再確認できる意義ある風習だと思います。神道には「敬神崇祖」という言葉があります。読んで字のごとく、「神様を敬い、ご先祖様を大切にすること」です。先祖があってこその自分であり、子孫へと続くのです。

神道では、**人は亡くなるとその家の守り神になる**といわれています。つまり、子孫の幸せを願い、いつも見守ってくださる存在になるわけです。

都会型の生活空間には神棚がないというケースもあるでしょうが、神棚がなくとも、出かける前に家を守ってくださっている神様に手を合わせてみてください。時間に追われ慌ただしい朝が穏やかに感じられますし、一日が清々しく送れ、人間関係や仕事に良い影響をもたらします。

先祖がいたからこそ、
自分がある。
ルーツを知り、
守り神様に感謝する。

たとえ神棚がなくとも、外出前に神様に手を合わせる。

第二章
叶わない願い事にも意味がある

どうしたら神様に願い事が通じるのか

神社をお参りするときは、手を何回叩《たた》いて、何度礼をすればいいのかと尋ねられることがよくあります。私たち**神職は二拝二拍手一拝を基本としていますが**、これでなければいけないという決まりはありません。

実際、伊勢神宮では、神職は立って座ってを八回繰り返して八回手を叩く、八《はち》度《ど》拝《はい》、八《や》開手《ひらで》というのを作法にしていますし、明治以前の石清水八幡宮では、三十四回手を叩いていたという記録もあるくらいです。

ですから、神職ではない皆さんがお参りするにあたっては、お寺のように手を合わせるだけでも一向にかまいません。神道はもともと教義という言葉の似合わない柔軟な宗教で、作法に関してもさほど堅苦しいものはないのです。

私たちは神様に手を合わせ、いろいろな願い事をします。「苦しいときの神頼み」という言葉もありますが、そんなときでも心得ていてほしいのが、**願い事は神様に叶えてもらうためだけにするものではない**ということです。

望みが叶おうが叶うまいが、その結果を神様の意志だと捉えて、自分を省みることが大事なのです。例えば、願い事の半分が叶ったら、半分しか叶わなかったと嘆くのではなく、「今回はこれだけで辛抱しなさい」という御神慮だと真摯《しんし》に受け止めてください。神様は「残りの半分を成し遂げようと努力しなさい」と、あなたを励まし、見守ってくれています。

そんな心構えで神様と向き合えば、自ずと願いは叶うものです。

どうすれば神様に祈りが通じるのか、祈り方のコツはあるのかとよく聞かれますが、大事なのは、神道の大原則である「清浄心」です。つまり、清く正しい心で神様と向かい合うこと。大切なのは心のありようなのです。

願い事の半分しか
叶わないのは、
「今回はこれだけで
辛抱しなさい」という
神様の意志。

願い事が叶わないからといって嘆くのではなく、自らを省みることが大事。清く正しい心で神様と向かい合ってこそ、祈りは通じる。

命は授かりもの

この世に生まれてきたことがすでに奇跡

私たちがこの世に生を享け、今、こうして日常生活を送っていられるのはまさに奇跡です。

考えてもみてください。私たち一人ひとりには、それぞれに祖先があるからこそ今の自分がいるのです。もし、あなたの祖父と祖母が結婚していなかったら、あるいはあなたの両親が出会わなかったら、あなたは生まれてこなかったわけです。これはよくよく考えるとすごいことです。

生命科学の分野では、**生命が誕生する確率は、一億円の宝くじが連続して百万回当たるほどの偶然**だといわれます。

文字通り、天文学的な確率で今、こうして存在しているのだと知ると、生まれてきたこと自体が奇跡だと納得できるでしょう。

それだけではありません。生命を維持するためのメカニズムも、実に神秘的です。私たちの体は六十兆個の細胞からできており、一瞬も休むことなく、お互いに助け合って生命を維持しています。したがって、どれかひとつでも欠けるとバランスを崩してしまいます。そうならないように古くなって力を失った細胞は、新しいものに生まれ変わって、互助力を失わないように調和しているのです。

さらには、その一つひとつの細胞には、大百科事典三千冊分もの情報が入っているといいますから驚きを禁じ得ません。

科学の発達は日進月歩。未知の領域であった遺伝子暗号を人間の手で解明できるまでに至り、人々は生命をコントロールできるようになる日も近いと騒がれています。しかし、**世界最高峰の学者を総動員したとしても、細胞ひとつ、無から創れない**のが現状です。解明できない○・○何%かの、命の元となる本当の原動力は何なのか。人間の力では、どうすることもできない何かが作用しているのです。

それを遺伝子工学の権威、村上和雄先生は、「サムシング・グレート（偉大なる何ものか）」と呼んでいます。

科学者はそれを神とは呼びませんが、我々聖職者にとって、それは神々の力以外の何ものでもないと思わされるところです。

私たちの命は、神様からいただいた授かりものです。その尊さを知り、**生きているありがたさを実感**できれば、自ずと感謝の気持ちが湧いてくることでしょう。

私たちは命を神様から授かり、生かされている。

奇跡といっていいほどの確率で生まれてきた私たちの命は、神様からの授かりもの。命の尊さを実感すれば、自ずと感謝が生まれてくる。

誠実に生きる

祈らなくても神様は守ってくれるのか

子どもの頃に「隠れて悪いことをしてもお天道様には見られているよ」と親から諭された覚えがある方は多いでしょう。ここでいうお天道様とは神様のことで、**陰で悪いことをしてもお見通し**なのだから、顔向けできないような行いをしてはいけないという戒めです。

中には「私は陰日向《かげひなた》なく生きているから、やましいことはない」などという人もいるかもしれませんが、お天道様はすべて見ているのです。ですから、生活が乱れ、怠惰な暮らしをしている人はお天道様に恥じない生活習慣を身につけてほしいものです。

こうした一連の考えを端的に表し、さらに深い思想を教えてくれるのが菅原道《みち》真《ざね》の「心だに誠の道にかなひなば祈らずとても神や守らん」という言葉です。これは「自らの心が『誠』の状態、やましいことのない状態であれば、神様に祈らなくても神様の御加護がある」という意味です。

また、神道では、**自らの行いを悔い改め、間違いを正せば、その罪を償える**とも教えています。神様は、私たちが犯してしまった過《あやま》ちだけではなく、贖《しょく》罪《ざい》のために駆けまわる姿や日々努力する姿も見ていてくれるのです。

お天道様のことを、親しみを込めて「お天道さん」と呼んだりすることもありますが、なるほど、私たちをいつも隣で見守ってくれるような身近な存在だということを表しているのでしょう。

お天道様に見られていると意識することは、自らを俯《ふ》瞰《かん》して、日々の行動を律することにつながります。

生まれてからこのかた、一度も間違ったことをしていない人はいません。だからといって、自分が間違っていることに気づかなかったり、気づいても直そうとしなかったりでは困ります。

間違ったときには**素直に過ちを認め、繰り返さないように努力していく**ことが大切なのではないでしょうか。

私はいつも、燦々《さんさん》と輝く太陽の下、胸を張って自信を持って歩ける毎日を送りたいと願っています。

お天道様は見ている。

悪事を働く姿も、間違いに気づいて直そうとする姿も、すべて神様はお見通し。

礼儀作法

受け継がれてきた作法には意味がある

畳に座って食事する様式からイスとテーブルという生活スタイルに変わったことに由来するのか、**近頃、若者の姿勢が悪くなった**ような気がします。

私が宮司を務める石清水八幡宮にもお正月など、繁忙期にアルバイトの若い人がやってきます。アルバイトとはいえ、神事に携わるわけですから髪を結わえるなど、身だしなみを整え、部屋に入るときは「失礼します」と声をかけてから入る。さらに、お辞儀のしかたはかくかくしかじかと、礼儀作法の基本から教えています。

そのようなことは家庭でも学校でも教わったことがなく、新鮮に感じるようで、どの子も素直に覚えてくれます。アルバイトですから短い期間ではありますが、姿勢を正し、たたずまいよく振る舞っていると行いまで清くなり、自然と参拝者に心のこもった対応をするようになります。

神道は、特定の教典や特別の教義がないかわりに、祭祀を執り行うことで、神々を敬ってきました。お祀りのとき、神前で失礼があってはなりません。常に神様に見られているという緊張感を持って身を律し、美しく気品ある態度でご奉仕しなければなりません。ですから、毎日のお供えのお祀り手順から年に一度のお祭りまで、神職や神社に勤める者には、それぞれの儀式ごとに事細かに取り決められた立ち居振る舞いの作法があります。

例えば、**正座のときは足をどうするのか、立つときはどちらの足からなのか、**歩きながら方向を変えるときは足をどう運ぶのか、物はどのように持つのかなど、すべてをきちんと覚えるのに何年もかかるほどです。

伝統的に受け継がれてきた形には、道理があるものです。力学的に無駄のない動きというのは美しい。中には不合理なこともありますが、そんな場合は必ずといっていいほど、その所作に至っただけの理由があります。なにより洗練された作法を身につけると、自然と心も整うから不思議です。

もっとも、私も若い頃は、第五十六代石清水八幡宮宮司だった父から厳しく指導され、一時間も正座をさせられたこともありました。そんな厳しい親が側《そば》にいたからこそ、今の自分があると思っています。

皆さんも一日のうちのほんのひとときでもかまいませんから、姿勢を意識してみてください。「姿勢の乱れは心の乱れ」というように、**まず形を整えることで、生き方まで美しくなる**ことを実感するはずです。

姿勢の乱れは心の乱れに通じる。

美しい所作を身につけることは、心を磨くことに通じる。日常の立ち居振る舞いが、あなたの心を決める。

神社の役割

神社は「気」を取り戻す場所

一般的には心や体に何か汚れがついていることを「穢《けが》れ」といいますが、神道では、穢れとは「気が涸《か》れる」ことであるともいいます。ここでいう「気」とは、心身に流れているエネルギーのことを指し、気が充実していると心身は健やかなものとなります。

ところが、日々の生活の中で私たちは心配事を抱えて悩んだり、不安に陥ったりします。そんなときに「気が重い」とか「気を揉《も》む」という表現をします。そのようなマイナスの状態が続けば、気が涸れ「気涸れ＝穢れ」てしまいます。

気が涸れると、人は気力が湧かず、**何事にも興味を持てず行動するのも億劫《おっくう》**になってしまいます。鎮守の杜で木々の葉擦れの音に耳を傾けていれば、心静かに気をため込める、そんな気持ちを覚えた経験はないでしょうか。神社は**失《う》せた気力を取り戻す絶好の場所**でもあります。

神域である神社は、神々の清らかな気があふれています。神社に詣でることは、この神様の気を受けることにもなるのです。

ひと昔前の人々は、神社を参拝する前に、川や海に入って身を清め、着ているものを新しくして神々と対面しました。こういった一連の行為を「禊《みそぎ》」といいます。穢れを祓うことの本質は、気をもう一度奮い立たせて、元の状態に戻すことです。つまり、神前で祓ってもらい気を高める。これが、本来の禊ともいえます。

もちろん、神社に行かなくても、日本人は意識しないうちに日常の中で禊祓《みそぎはらえ》をし、神道的な生き方をしてきました。朝起きたら、手で水をすくい、顔を洗うのも禊のひとつ。一日の終わりにお風呂に入って汗を流し、心を鎮めるのも禊だと私は思っています。

つまり、生活習慣そのものが神様と深く関わり、日々気力いっぱいに生きてきたのです。ところが、そうした生活習慣が乱れ、昼夜問わずに活動するようになってしまった今、「気」の失せた人が多くなったように見受けられます。

気とは、目に見えないものですが、気が涸れてしまっては毎日の生活がハリのないものになってしまいます。日本人が培ってきた**気を高める生活習慣**を見直してみませんか。

心身を清め、穢れを祓えば、元気が湧いてくる。

気が涸れてしまえば、何もする気になれない。神社は失せた気力を取り戻すことができる絶好の場所。

心を清らかにして歩む

参道を歩くことから、神様に祈るための準備は始まっている

鳥居をくぐってから、参道が延々と続く神社があります。この参道は心を整える格好の道程となります。

神様の前に立つときには、心が清らかでなければなりません。たしかに神聖な心持ちで参拝される方もいらっしゃいますが、中には心穏やかならぬ状態で神様を頼って訪れる方もいなくはありません。イライラしていたり、**カリカリしたまま手を合わせたりするのではせっかくの参拝も台無し**です。そんな方の心を鎮める仕掛けが神社にはたくさんあります。

例えば、参道に敷かれた玉砂利《たまじゃり》もそのひとつで、足下《あしもと》でザクザクと鳴る音には心を鎮める効果があります。鬱蒼《うっそう》と生い茂る木々は五感をなだめ、感性を研ぎ澄

ませます。

そのほかにも、鳥居が二つ三つとあったり、緩やかな坂道の上り下りがあったり、中には山の頂にお社を構え、そこにたどり着くまでに幾段もの階段を登らなければならない神社もあります。長い参道を歩むうちに心を整え、**清らかな心で詣でるようにと考えられた道のり**です。

一方、都会では参道にあまり奥行きのない神社があります。そんな場合神社では、一歩一歩を大事に踏みしめて歩いてみてください。次第に心が穏やかになるはずです。

同じ神社でも、訪れる季節や時間帯、天気や温度などによって感じることが違います。緑の美しさに見入り、風を感じ、小鳥のさえずりに心地よさを覚え、心を鎮めて、そして、鳥居をくぐって、無心で神様の前に詣でるのです。

神様に詣でることを「神前に額《ぬか》ずく」といいます。「額ずく」とは、額がつくほどに丁寧にお辞儀をすることです。心身を清らかに整えて、神様の前に額ずく。

そして神様の力をいただく。いただくというよりも、「神様に心を寄せ、祈ることによって神々が感応される」といったほうがより近いでしょう。参道を歩くことでその「準備が自然にできるのです。

神社を訪れたら、入り口から神前までの道程をゆっくりと味わってみてください。きっと**心静かなる自分を見出《みいだ》せるはず**です。

心を鎮め、整えて、神様の前に詣でる。

参道を心静かに歩めば、五感が豊かに働きだし、ふだんは感じない多くの気づきがもたらされる。

鎮守の杜

神社は神様の気配を感じ取れる場所

たとえ街中《まちなか》であろうとも、神社には何ともいえない静けさがあります。心穏やかに目を閉じてみると、日常では感じ得ない気配を覚えることはありませんか。それは神々の気配なのです。

日本人はいにしえの時代より、鬱蒼と茂った森や巨木、巨岩に神性を感じ、敬ってきました。この自然崇拝が神道の始まりだともいわれています。神様の宿る場所には、圧倒的な生命力が漂っています。そこに社《やしろ》を建てた、それが神社です。

最近、ふだんそれほど信心深くない若者がパワースポットとして神社を訪れるのは、たしかにそこに神様を感じさせられる力を受けるからにほかなりません。

元々**神々の気配が強い場所が神社になった**のですから、それも当然のことです。

時折、海外の来賓《らいひん》を伊勢神宮にご案内することがあります。

キリスト教など他宗教の方ばかりですが、皆さん必ずといっていいほど「この杜《もり》には何かがある」と感想をもらし、とても感激されます。やはり何かの気配を感じているのでしょう。

日本人は旧来、この気配というものを受け取る感性に優れていました。神を祀る空間への畏敬の念、つまり**目に見えないものに対する畏《おそ》れや敬いという感性**を持っていました。神社という神域には何かが「おわします」という感覚を持っていたのです。

だからこそ、神様が宿る空間を守っている鎮守の杜をむやみに侵してはいけないと、代々守り継がれてきたのです。

神社を訪れたときには、心を空《から》っぽにして、静かに気配を探ってみてください。あなたのＤＮＡに刻まれた日本人の感性が呼び覚まされ、神々しい気配を感じるはずです。

目に見えないものこそ大事。神々の気配をまずは感じてみる。

日本人の精神の根底には、神々を感じ、敬う感性がある。神社を覆う気配を感じようとすれば、神気に触れる感性の扉が開かれる。

人を思いやる挨拶が世の中を明るくする

日本古来の精神性や行儀、作法が廃《すた》れたと嘆く声が方々から聞こえてきます。

しかし、生活様式が大きく変貌したといわれる中で、どこの家庭でも食事をいただく前の「いただきます」と、食事を終えたときの「ごちそうさま」は、しっかり根づいているようです。

「いただきます」も「ごちそうさま」も、他国語には翻訳できない日本語特有の言葉だといわれています。感謝の念が込められているこの言葉は、**日本が心豊かな国だという何よりの証といっていい**でしょう。

せっかくこんなにすばらしい習慣と精神を持っているのですから、日常のいたるところでもっと発揮すれば、殺伐とした世の中の一服の清涼剤になるのではないでしょうか。

例えば、あなたの家に新聞を届けてくれる配達員に、「ご苦労さま」とか「いつもありがとう」などと声をかけてみてください。相手を思いやる言葉には相乗効果がありますから、声をかけられた配達員はもちろん、声をかけたあなたも清々しい気分になるものです。

「ありがとう」という言葉には日本人特有の感性が表れています。「有る事が難し」。つまり滅多にないことをいいます。そこには、「かたじけない」「もったいない」、さらには「畏れ多い」といった謙虚な気持ちが含まれています。

通勤時でも、子どもの交通安全を見守る人や、道のゴミを拾う人、雪かきをする人など、他人のために汗を流す人を多く見かけます。そうした人々に「ありがとうございます」と声をかければ、**双方にとって素敵な一日**になりそうです。

人を思いやる場面はほかにもたくさんあります。電車内でヘッドフォンを耳に当て、世の中にまったく興味のなさそうな若者が、お年寄りに即座に席を譲るというテレビＣＭを見たことがあります。あれに似た光景を実際に見た人が、自分のことのようにうれしく、周囲の人々も、**まだまだ日本も捨てたものではない**なと思ったはずと喜んでいらっしゃいました。

経済不安や少子高齢化など、気の重いことが多い世の中ですが、「いただきます」「ごちそうさま」、そして「ありがとう」という挨拶が世の中を明るくしてくれる、そんな気がしませんか。

気持ちを言葉にすれば、
思いやりも
感謝も伝わる。

日本の美徳を象徴する「いただきます」「ごちそうさま」「ありがとう」が世の中を明るくする。

なぜ、お祭りで神輿を担ぐのか

全国各地にはそれぞれ伝統的な祭りがあり、その月が近づいてくると町全体が活気づいてきます。その年の祭りの施主が中心になって氏子衆を神社に集め、神輿《みこし》の花形を務めるのは誰がいいか、奉納するものの準備はできているかと、膝《ひざ》を突き合わせて話し合い、準備を進めます。中には子どもに笛や太鼓を教えるために、故郷を離れた人が遠方から駆け付ける姿もあります。年に一度のこのハレの日を糧にして仕事に精を出している人も大勢いらっしゃいます。

お祭りとは、そもそも神様に**一年の無事を感謝する催しで、神様と人々が喜びを分かち合う日**です。米や魚、果物など、季節の食べ物とお酒をお供えして、お客さまである神様を接待し、神様がお食べになったお下がりをいただきます。この神と人との共食を「直会《なおらい》」と呼び、神々と人間とを結び付けるひとつの儀式として地域それぞれに作法があり、代々受け継がれてきました。

　この日には、ふだん、鎮守の杜に鎮まっている神様を神輿に遷して、町に繰り出していただきます。実際に神輿を担いでみるとわかりますが、神様との一体感が得られます。それだけでなく、神輿の下では、老若男女が分け隔てなくひとつになれる。神人一体の歓《よろこ》びをみんなで味わえ、また一千年、二千年の間、連綿と続いてきた伝統を守ってきた誇りが、郷土愛を育み、共同体の結束を強め、村を守っているのです。

　故郷を離れ、都会暮らしをしている若い人が、仕事を休んでまでは祭りに参加できないというケースもあります。そんなときは今住んでいる、あるいは勤め先の近くで催される祭りに参加するのもいいでしょう。見物するだけでも神と人々が一体になった熱気の中に神に触れる力を感じ、清々しい気分になるものです。それが**翌日からの活力となる**のはいうまでもありません。

祭りに参加することは、作法と伝統を受け継ぐこと。

祭りを通して、神人一体となる。祭りを守ってきた誇りがその土地に住む人々の誇りとなる。

神様への橋渡し

祝詞は私たちの願いを神様にお伝えするもの

寺院の僧侶は、お釈迦様の教えをお経として唱えます。神社では、宮司が祝詞《のりと》をあげます。同じようなものと思われる方も多いでしょうが、お経はお釈迦様の言葉を人々に伝えるものであるのに対し、祝詞は宮司が参拝者の願いを神様にお伝えするものです。ですから、神職は別名「仲執《なかと》り持《も》ち」と呼ばれる、共同体や参拝者と神様をつなぐ橋渡し役なのです。国家の安泰や災難払い、**個人の家内安全や商売繁盛といった祈りや願いを神様へお伝えしている**わけです。

祝詞はふだんの言葉遣いとは少し異なった、大和《やまと》ことばや歴史的仮名遣いを用いています。お経は難しくてさっぱりわからないという声を聞くことがありますが、祝詞は祈りの内容が参拝者にも理解できると思います。例えば神葬祭のときには、亡くなった方の人生の歩みや遺族の思いを誄詞《るいし》（偲《しの》ぶことば）に込めて作文します。

先の**東日本大震災のときに祝詞に込めたのは一刻も早い収束と復興**です。一例を読み下し文で記載します。

掛けまくも畏《かしこ》き何某神社の大前《おほまえ》に、
宮司何某恐《かしこ》み恐みも白《まう》さく
去《いに》し三月十一日の未刻《ひつじのとき》に起こりし
東北地方太平洋沖大震災
更には大津波の災害《わざはひ》を蒙《かうむ》りたるに
数多《あまた》の都道県に大なる損《そこな》ひを齎《もたら》したり
各々の市町村の有様は
家は壊れ海は荒れ土は裂け山は崩れ

許許多久《ここだく》の人々瞬《またた》く間に玉の緒を絶たれる事と成りぬ
又神社《かみやしろ》、神職等《かむづかさら》も多数に災害を被《かうむ》れる由《よし》
知らせを受けたるは実に畏き極《きは》みなり
故《かれ》、今し大前に御食《みけ》御酒《みき》種種《くさぐさ》の味物《ためつもの》を献奉《たてまつ》り
常に大神等《おほかみたち》の高き尊き大神徳《おほみのり》を仰ぎ奉る氏子崇敬者等
大前に参集《まゐつど》ひて復興祈願祭を仕へ奉り乞ひ祈《の》み奉る状《さま》を
平らけく安らけく聞食《きこしめ》し給ひて
日々起これる余震津波を鎮め給ひて、一日《ひとひ》も速《すみや》けく旧《もと》の状に
立帰《たちかへ》らしめ給ひて、我大和國《わがやまとのくに》を永久《とは》に守り恵み幸《さきは》へ給ひ
災害に苦しむ諸人等《もろびとら》の身も心も
平穏《おだひ》に守り導き給へと恐み恐みも白す

馴染みのない言葉もあるかと思いますが、**現状の報告と御加護を乞う**という内

容はおわかりいただけると思います。

　この祝詞は、神社本庁が各地の神社へ配布した例文です。大きな災害があったとき、また国を挙げてのお祝いや国家的な大事のときなどは、各神社が迅速な祭事を執り行えるよう、こうして例文を示すことがあります。ふだんはもちろん宮司が祝詞を書きますが、皆さんも一度作文をしてみてはいかがでしょうか。もっとも、文章作法を一から身につけるのは骨が折れるでしょうから、まずは簡単な流れを掴《つか》んでみるのがいいでしょう。

　文頭は、申し上げるのも畏れ多いという意味の「掛けまくも畏き」から入り、自分の名前を入れて、文章の最後は「恐み恐みも白す」と文頭と同じように、畏れながら申し上げますと締めます。本文は神様への感謝や自分の思いを織り込んでください。

　祝詞の例文集を参考にするのもよいですが、まずは自分だけの祝詞を作文してみるのがいいでしょう。その**気持ちはきっと神様に届く**はずです。

祈りや願いを神様にお伝えするために祝詞をあげる。

お経と違い、祝詞は作文できる。まずは神様への感謝の気持ちや願いを綴《つづ》ることから始めよう。

神様は罰を与えない

神道では罪を過《あやま》ちと表現することが多く、祝詞に「過ちを犯していたら、どうぞお許しください」という一文があります。罪というと、悪いことをして裁かれるものといったイメージが色濃くなりますから、過ちという言葉を使い、反省をして、行動を改めれば誰でも更生できるといった意味合いを伝えようとしているのです。いわずもがな、日々、人と関わって、仕事をし、家事をこなしていく中で、**少しの過ちも犯さないで生きていくことは到底不可能**です。だからこそ、過ちを犯しながらも、その間違いを反省し、精進すれば清く生きていけるという教えが大切なのです。

そのため、天候に恵まれず、満足に作物が穫れない年があっても、基本的には自分たちの行いがよくなかったのが原因だと考えました。

つまり、神様から罰を与えられたのではなく、精進が足りなかった結果として表れるものだということです。そのうえで大切なのは、悪いことがあったからといって悲観するばかりではなく、自らの行いを反省し、それを成長への足がかりにすることです。

失敗や悪かったことを誰かのせいにしていてはいけません。それで、その場を逃れたとしても、あなたにとって百害あって一利なし。自ら成長を止めてしまうことになります。失敗は**すべて自分の力不足が原因と考えるぐらいがちょうどいい**のです。そんな姿勢で毎日を過ごせば、自ずと自分と真剣に向き合うようになり、一歩一歩確実に前に進めるようになるのです。

不運や失敗の原因は自分にある。

悪いことが起きたときに、それを何かのせいにするのはとても楽。しかし、それでは成長はできない。しっかり向き合って、自分の行いを省みることが大切。

言葉より実践

神道が「背中の宗教」といわれる理由

私は**貞観《じょうがん》二（八六〇）年に創建された歴史ある石清水八幡宮の社家《しゃけ》**に生まれました。そのため、さぞかし厳しく躾《しつ》けられたのではないか、特別な教育を受けたのではないかと聞かれることがあります。中には幼い頃から祭事にかりだされ、普通の子どもたちのような学校生活を送れなかったのではないかと同情されたりすることがあります。しかし、決してそんなことはありません。

子どもの時分には近所の子どもたちと遊んでいましたし、中学高校では、ブラスバンド部に入ってクラリネットに熱中。大学ではタクトを振っていました。音楽好きが高じて、実は音楽で身を立てようと考えていたこともあったほどです。

私は三男でしたので、跡取りになるとはあまり考えていなかったのです。

ところが、父からは跡を取るか否かは別にして神職の資格は取るようにいわれ、大学を卒業したら平安神宮へ奉仕に出る段取りも組まれていました。私に限らず、その頃は家を重んじた時代で、故郷を離れ就職、あるいは都会の学校に進学しても親のいいつけが一番で、帰って跡を継ぐようにといわれればそれに従うのが当たり前でした。

奉仕を終え、**石清水八幡宮に戻ってきたのは二十六歳のとき**でした。兄はその六年後に同じように他の奉仕先から戻り、宮司になりました。しかし、兄は病を患い早くに宮司職を退くことになり、私がその跡を継承することになったのでした。父がこのことを予期していたとは思いませんが、跡取りに関して万が一にも間違いがあってはならないと考えていたのでしょう。

父には男兄弟がなく後継者としての自覚が早くから芽生えていたこともあって、とても厳格な人柄でした。それでも、後継者となった私に祀りや神社はかくあるべきなどと口を出すようなことはありませんでしたし、仕事に関しての具体的な指導もあまりありませんでした。後になって思えば**父の姿を見て、立ち居振る舞いや祀りの作法を習得しなさい**ということだったのでしょう。まさに背中で語る人だったといえます。

父のそうした姿勢に従い私も、私の姿が職員、ひいては参拝者の規範となるのだと強く意識して努めています。神職は今を一所懸命生きる姿が教えとなるのです。神職とは神様と参拝者の間にいるもの。神様に向かって御祈願《ごきがん》していたら、参拝者が見るのは神職の背中。神道は背中の宗教ともいえるのです。

今を一所懸命
生きる姿が教えとなる。

実践することが大切。今を懸
命に生きる姿こそが道を表す。

第四章 祭りが苦難を乗り越える力になる

「社会」とは「神社で会う」こと

神社の「社」は、神を祀るという意味を持つ「土」と、神を祀る祭卓を表す「示」を組み合わせてできた漢字です。「社」自体にも、「祭りの日にその地域の人たちが集まって話し合う場所」という意味があるので、この一字だけでも、神社のような場所を指しているといえるでしょう。

「社」の成り立ちを理解すると、「社会」という言葉が、人々が神社で会い、話をしたり、酒を酌《く》み交わす様子を表していることがよくわかります。もちろん、神社でただおしゃべりをしていたわけではなく、**共同体の中で起こった問題の解決法**を話し合ったり、村のルールを決めたりしていました。そういった話し合いを、膝を突き合わせて積み重ねてきたからこそ、共同体内の結束が強まり、互いに声を掛け合い、気遣いをする関係がしっかりと構築できたのです。

いうまでもなく共同体意識は、地域愛、郷土愛へと広がっていき、安全で安心できる地域を自分たちの手で守ろうという気運が自然と高まります。こうした**ご近所づき合いから、地域のために働こうという循環が成り立っている**ものが本来の社会のあり方です。

ところが、現代は、隣に住んでいる人の顔も知らないことが多く、つながりが希薄になっています。利己が幅を利かせ、助長すると、「収集日以外にゴミを出してもいいや」などと自分勝手な行動をする人が増えてしまいます。こうした過ちを繰り返しているうちに、それぞれのモラルが低下し、安全・安心はどこへやらの社会となってしまうのです。

そんな社会を改善するのに、神社は格好の場所といえるのではないでしょうか。

例えば、地域住民の方がこぞって祭りに参加すれば、神社に集って語り合うことにもなりますし、ともに神輿を担ぐことで息の合う地域の仲間ということにもなるのです。

もちろん、これは地域だけに限ったことではありません。最近の若者はつき合いが悪いといわれています。一人の時間も大切でしょうが、仕事先の人や近所の人たちとのコミュニケーションはとても大切です。食事や飲み会に誘われたときに「どうせ大したことなんてない」などと決めつけないで、一歩踏み出してみてください。その**一歩が新たな社会の始まりになる**はずです。

神社はつながりを育み、つながりの中で人は成長する。

我関せずの精神で近所の人に挨拶もせず、集まりにも参加せずではいけない。集まって顔を見て話をすることで、視野が広がり、世界が広がる。

「包む」文化が「つつしみ」の心を育む

結婚式やお祝い事でご祝儀を渡すときには、きれいな祝儀袋に包みますし、たとえお稽古《けいこ》事の月謝でも封筒に入れて差し出すものです。お札をむき出しのまま手渡しすることはありません。同じように贈答品もきれいな紙で包んでのしをつけ、さらに風呂敷で丁寧に包んで持参します。

日本には「包む」文化があり、中のものが美しく大切なものであることを相手に伝えます。この**大切なものを包む、隠す文化は、己の感情を表に出さない日本人の美徳**にも通じ、「つつしみ」という言葉にもつながっています。

慎みとは、決して出しゃばることなく、控えめで、軽はずみな言動をしない姿勢です。言葉も同じで、目上の人には尊敬語や謙譲語を使うことで、自分を慎み、相手を敬う気持ちをきちんと伝えることができるのです。そして、目に見えぬ尊いものに対して、敬いの心を持つ。それが本来の慎みの意味です。

宗教は英語で「religion」といいますが、この言葉には慎みという意味が含まれています。「religion」はラテン語の「religio」から派生したもので、紀元前は超自然的な事物に対する畏怖や不安の感情を表していました。これは神道の真髄である、神々に畏敬の念を持つことに通じます。中世になると「religio」は、修道院の生活を意味し、**必要最低限のもので心穏やかに神々に祈る生活**を指すようになります。まさに、慎ましい生活です。

さらには、慎みという言葉は、「他人を思う」「愛情を持って大事に扱う」という意味の「いつくしむ」という言葉にも通じています。

心に余裕がないときには自分のことばかり気にしがちですが、慎みの気持ちがあれば周囲を慮《おもんぱか》ることができます。まず自分から相手に心を砕くと、やがて、心と心が通じ合うようになるものです。

慎み深い姿勢は、
品性を醸す。

礼節があり、謙虚で、相手を
優先できる人には品が備わる。

災厄を転ずる

危機に直面したとき、なぜ人々は神社に集まるのか

神社には危機に直面した人々を寄せつける力があります。もちろん避難所として機能するということもありますが、学校や体育館などに避難した人々も折を見て神社に足を運んでいました。そもそも**神社は高台の鬱蒼とした森の中にたたずんでいる**例が多く、災害に見舞われた地域でも神社は難を逃れられ、人々の心の糧となったのです。

東日本大震災のときには、宮城県気仙沼市の古谷館《こやたて》地区にある八幡神社に約六十人の人々が避難しました。被災者の救済に使われたのは、前年の秋祭りや正月に奉納された食材と、翌々日の三月十三日に行われるはずだった祈年祭に向けて奉納されていた作物です。祈年祭とは、五穀豊穣を祈願する、神社でもっとも大

切なお祭りのひとつのこと。食べ物だけでなく、直会《なおらい》の準備のために数多くの食器までそろえてあったというのですから、避難された方々は、神様の不思議な御加護を感じずにはいられなかったことでしょう。

氏子たちは**神々に感謝し、秩序正しく食べ物を分け合った**そうです。四十八畳の広間で過ごした人々は、ただ不安を募らせるだけでなく、燃料を持ち寄ったり、簡易トイレを設置するなど、それぞれができることを行い、互いに助け合ったといいます。神社で十日ほど過ごした人々は、もうこれ以上は神社に迷惑をかけられないと話し合い、きれいにその場を掃除して、神前で感謝の祈りを捧げ、さらに解散式までして、それぞれが公の避難所に移っていかれたそうです。

このエピソードを載せた新聞記事で、神職は「誰もがつらい思いをしているときにお互いが助け合うことができ、夢のようだった」と語っています。

私は、これこそ神社の本来の姿なのだと感嘆させられたものです。

つらい思いをしたときに、その人の本来の姿が現れる。

憂うべき事態に遭遇したときに、お互いに助け合い、感謝する心が働く。

神道がほかの宗教を拒まない理由とは

ある参拝者がこんな心配をおっしゃったことがあります。隣駅に全国でも有名な神社があり、いつもそこにお参りに行くのですが、自宅の近くにある神社の神様がお怒りになるのではないか心配だというのです。なるほど、女神を祀る神社に妻や恋人を伴ってお参りすると、焼もちを焼かれるなどといった迷信めいたことが巷間《こうかん》いわれますから、心配もわからなくはありません。

しかし、それはとんだ取り越し苦労です。神様はとてもおおらかな性格で、**お参りをしようという心のある人**がどこの神社にお参りしようが、拒むことはありません。

こうした、懐の深さがあるからこそ、本来、神国であった日本という国に仏教が根づき、やがて**キリスト教もその他の宗教も受け入れられてきた**のです。

外国の歴史を紐解《ひもと》くと、異教を排除する争いが数多く繰り返されています。確かに、わが国もキリスト教の布教を禁じた時代もありましたが、それはあくまでも政治的な話で、宗教が宗教を断じたわけではありません。

ある意味おおらかな宗教観を育んだのは、日本古来の神様のおおらかさに由来するといっていいでしょう。

神様のおおらかな心を見習って、おおらかに生きる。

日本人は古来、さまざまな考え方を柔軟に取り入れ、それぞれの良さをうまく共存させてきた。

神社の役割

天災や飢饉に見舞われたときこそ、祭りを催す

神社は町のそこここにありますが、ビルの屋上にそれを設けている会社があります。中には世界の最先端をいくような企業の本社屋上に、立派なお社を構えている例もあります。それをストレートに捉えると社運向上を祈願すると同時に、守り神として祀っているということになります。

神様を祀る理由は、御利益《ごりやく》を期待してのことだけではありません。神様がいることで、人々がひとつになれるという大きな力があるからなのです。

神様を祀ることで、そこに集う人々が団結する。その良い例がお祭りです。神様に感謝の気持ちや祈りを届けようと、準備から片づけまで地域の方々が一体となるわけです。また、**神輿の下では性別も年齢も関係なく、目的だけを共有して**

皆がひとつになれます。

同じように、共同体には神輿の代わりとなるシンボルが必要なのではないでしょうか。その役割を担っているのが、お社だと思います。

東日本大震災の後に、被災地に代々継がれてきた祭りを自粛しようという意見が出ました。亡くなられた方に配慮したいという気持ちはわかりますが、私はこれに異を唱えました。津波で神社の鳥居も何もかも流され、どこに神社があったのかわからなくなった地域もありました。そんなときに、祭りまでなくなってしまったら、それこそ人々の心のよすががなくなってしまいます。そんな状態だからこそ、祭りだけは、やらなければならないと思ったわけです。

日本人は遠い昔から天災や飢《き》饉《きん》に見舞われたときでも、いやむしろそんなときこそ**祭りを催して好転を神に祈り、その願いをともにすることで、苦難を乗り越えてきた**のです。そんな日本人のすばらしい知恵をこれからも大切にし、後世に伝えていきたいと思います。

祭りで人々がつながり、ともに祈り、結束する。

神社や祭りで神様に祈り、思いを同じくした人々は一致団結できる。

神様とともに四季の移ろいを喜び祝う

春夏秋冬の四季がはっきりとした風土を持ち、その季節を味わい尽くす国は、日本以外に類がないといわれています。雪解けとともに春を喜び、新緑に初夏を感じ、木々の色合いに晩秋を覚え、初雪とともに冬の到来を感じる。目で見て、肌で感じ、体感できる国なのです。

季節の移ろいは私たちに自然の偉大さと厳しさ、そして美しさ、奥床しさを覚えさせてくれます。大自然の営みはまさに神様の仕業《しわざ》を思わずにはいられません。

多くの日本人がそれを感じるからこそ、**四季折々に神様を敬い、感謝する行事**が古くから行われてきました。お正月には、門松や鏡餅を飾って年神様をお迎えし、二月の節分には、豆まきをして悪鬼や疫病を外に追い払います。三月三日のひな祭りも五月五日の端午の節句も、元々は穢れを祓うもので、子どもの健やかな成長を祈る行事です。そのほかにも建国記念の日、七夕、お盆、勤労感謝の日、敬老の日など、祭事がない月はないというくらいに神様との関わりを大切にしてきました。

私たちの祖先は、一年の暮らしの中にこのような「特別な日」を設けることで、単調になりがちな生活に楽しみを見出し、その時々の旬の食べ物を神様とともにいただき、**神様とともに季節を堪能してきた**のです。

日本ならではの四季折々の文化をこれからも大切にしていきたいものです。

祭事は暮らしにメリハリを与え、生活を豊かにする。

四季の喜びは、天からの恵み。自然や四季に恵まれた日本の風土こそ、情緒豊かな日本人を育んできた。

和魂と荒魂

自然の姿から神様の意志をうかがう

日本には**美しく気高い山々を霊山や霊峰と呼び、登ることで神々の世界に近づくという山岳信仰**があります。ところが、西洋人が山に登るときには全く違った考えを持ちます。世界最高峰のエベレスト山の登頂に成功すれば、エベレストを「征服」したと表現します。自然を人間の支配下に置くような感覚なのではないでしょうか。

一方、日本人は自然を偉大なものとし、人間よりも上位の存在として崇めてきました。そこには地理的、地形的、さらには取り囲む自然環境も大いに影響しているのです。

日本は、いわずと知れた地震列島で、過去、幾度も大災害に遭ってきました。

地震以外にも、噴火、台風、洪水、干ばつなどの災害も甚大です。九州や四国地方は、台風の季節には豪雨に見舞われ、大洪水になります。夏になれば必ず、河川の氾濫で水没する地域が出るにもかかわらず、うまく災害に対処する方法を身につけ、人々はその土地を離れることなく、歴史を築いてきました。

自然とは人間の想像など到底及ばない、大きな存在です。私たちの祖先は、自然に畏怖の念を持ち、災害から神々の意志を読み取ろうと、謙虚に受け止めて共存してきました。

伊勢神宮にお祀りしている神々にも、その思想が表れています。例えば、皇室の御祖神であり、日本人の総氏神である天照大御神をお祀りしている内宮には、正宮と別宮があります。正宮には天照大御神の和魂《にぎみたま》が、同じ境内にある別宮には荒魂《あらみたま》が祀られています。

和魂とは、神様の平和と繁栄をもたらす側面をいい、太陽や雨など、**恵みをもたらし御加護いただけるはたらき**をいいます。

一方、荒魂とは、神様の荒々しくも力強く、勇猛な側面をいい、だからこそ、ときには**天変地異から神様の意志をうかがおうとしたり、それを神様からの警告として捉えよう**としたりしました。日本人は、この両方を認め、いずれも神様として崇めてきました。

東日本大震災では、多くの避難者が出ました。放射性物質という大きな問題が立ちはだかっていますが、皆さん、故郷に帰りたいと強く望んでいらっしゃいます。とりわけ高齢者の方々は、人生の最期は故郷で過ごすのが幸せだと手を合わせ、帰郷を祈っていらっしゃいます。

それは、単なる土地への愛着だけでなく、あれほどの被害を受けても、破壊をもたらす自然を受け入れ、折り合って生きていくのを当然とする日本人の自然観がそうさせているのだと思うのです。

豊かな恵みも災害も自然の姿。

恵みを与える母なる自然の姿は、同時に激しく荒々しい存在でもある。その両方を受け入れることで、人は自然と共存できる。

連絡の手段

人とのつながりをどうやって育めばよいのか

私が若い頃の連絡手段といえば、もちろん電話はありましたけれど、どこの家にもあるという時代ではありませんでした。サークル仲間とハガキや手紙でやりとりするということもごく普通にありました。あの時代には、個人が電話を持って歩くようになり、いつでもどこでも誰とでも好きなときに連絡が取れるようになるなど、想像だにしませんでした。

とりわけ、若い人たちは携帯電話を持っているだけで仲間とのつながりを感じ、安心できるという傾向があるようです。それにも一理あるような気はしますが、あまりに**簡単に連絡が取れてしまうとありがたみがない、**そんな気がします。電子メールで常時つながっている安心感もいいでしょうが、たまにはペンを手に心静かに相手に思いを馳《は》せてみてはいかがでしょう。きっと相手への思いやりや感謝の念が伝わり、絆《きずな》をいっそう固いものとしてくれるはずです。

以前、長いこと音信不通だった知人に手紙をしたためたことがあります。一週間ほどして届いた返信の喜びはとても大きなものでした。これが今どきはメールを送れば即返答、と一見、便利なようで何とも味気ない気もします。

そうはいっても、日常なら便利を優先するのが世の常です。実際私も多用していいます。しかし、いくらなんでも年賀状といった時節の挨拶や礼状までもメールですませてしまうというのには抵抗があります。簡単すぎて心が通じてこないのです。やはり**自筆ですと、一文字一文字に心がこもっている**、そんな感じがするのは私だけではないでしょう。

簡単で便利なことばかりを重視しない。
心と心の交流が喜びを生む。

携帯電話やメールに頼るだけでなく、たまには手紙を書いてみると思いが伝わる。

これからの神道がめざすもの

神道が他宗教と大きく違う点は超常現象や奇跡、ひいては理想郷を追い求める類《たぐい》の信仰ではないことです。煎《せん》じ詰めると、「清く」「明るく」「正しく」「直く」生きる道を説く「浄明正直」が根幹にあり、正しくあるための生き方を探求する宗教なのです。

この生き方を実践するには、今のために一所懸命に生きなければなりません。過去に執着せず、未来に託した今を生きるのではなく、**今この瞬間を生きることに注力**する。すなわち「中今」の精神こそが浄明正直でいるための道です。

神道にある道とは、誰かに教わったり説明されても理解できるものではありません。自らの足で歩き、先を行く人の背中を見て体得するものなのです。ですから神道には、**ああしなさい、こうしなさいとの教えの書である教典**がありません。そのおかげで懐の深い信仰になったともいえます。

私にも一神教を信仰する友人、知人はたくさんいますし、宗教者が集う会議に出席することがあるのですが、そこで宗教観の話になると、どちらが正しくて、どちらが間違っているという問題ではなく、考え方の違いを痛感させられます。つまるところ一神教は教義のこともあり、自分たちが信仰しているもの以外は認めないことも多くみられます。どの宗教も一様に平和を謳《うた》っていますが、その教典を読むのは個々人です。一人ひとり、教えの受け取り方に微妙なずれが生まれ、「それは違う」とお互いに言い張ることが争いの火種になってしまうのではないでしょうか。その点、神職は実に柔軟です。別名、「仲執《なかと》り持《も》ち」という通り、両者の間をうまくとりなして調和を取れるのだと思います。神道の根底には共存共栄の思想があるのです。多様な価値観が混在する今こそ、神道の中今の精神に触れてみてはいかがでしょう。

先を行く人の背中を見て、正しい道を選ぶ。

いくら説明されても、自分で実践しない限り、何かを会得することはできない。大切なのは、自らの足で歩くこと。

次の時代へ

古き良き知恵と現代の知恵を合わせる

神社は「神道は言挙《ことあ》げせず」の伝統を守り、積極的に布教などはしません。この教えは、畏れ敬う対象である**神様についてむやみに口に出すことは憚《はばか》られる**ことであり、慎むべきだと考えられてきたからです。柿本人麻呂が詠《よ》んだ歌は、この伝統の象徴といえるでしょう。

葦原《あしはら》の　瑞穂《みずほ》の国は　神ながら　言挙げせぬ国

日本を表す、葦原の瑞穂の国は神慮に従って言葉に出さないというわけです。

しかし、伝統というものはただ守ればいいというものではありません。時代が移ろえば、取り巻く環境も変化します。私は伝統とは、古くから受け継がれてきたものを生かしつつ、今の環境に適応させたうえで次代に語り継ぐものだと考え、神道の今と未来を思い、新たな神道の伝統を築いていかなければと言挙げも視野に入れた活動を行っています。

そもそも、昔の人が言挙げせずとも、日本人の潜在意識にあった神道の教えを継承してこられたのは、祖父母や親、ひいては共同体との「つながり」が今よりも緊密だったからにほかなりません。ところが、**核家族化が進み、地域での人間関係が希薄になった現代社会**では、神道を肌で学ぶ機会が少なくなっています。この状況を克服し、良き伝統を継承するためにも、神社は言挙げするべきなのです。

実は、先ほどの柿本人麻呂の歌には続きがあります。

然《しか》れども　言挙げぞ我がする　言幸《ことさき》く　ま幸くませと

「それでも、私は言葉に出す、元気でいてくれと」という意味です。柿本人麻呂は伝統を重んじながらも、それに固執することなく、伝えるべきことは言葉にしたわけです。

正月には神社で初詣、人生の節目にはお参りをして、地域の祭りには人々が集まってはいます。しかし、そこから一歩踏み込んだ、神道の古き良き知恵が上手に伝わっていません。やはり私たち神職は、神道の奥深さを発信するべきなのでしょう。

神道の精神性は、日本人の文化・生き方すべてに通じています。伝統に限ることではありません。年長者から、長年の人生経験によって身につけた教訓や考えを教えてもらい、自分なりに消化することで自意識が培われるのも同様、**古き良き知恵と現代の知恵を合わせて、人は成長していく**のです。

伝統は守るだけではなく、積み重ね、改良するもの。

古い教えをそのまま引き継いでも形骸化してしまう。本質をしっかり理解し、今の時代に適応させることで、古いものは生きる。

あとがき

神道は私たちの毎日の生活の中にごく自然にとけ込み、そして身近に関わっているもので、日本人の生き方そのものでもあると思います。すなわち、ふだんはあまり意識されないけれども、ふと日々の生活を振り返ってみると、そこには日本人の生活規範としての神道が脈々と息づいていることに気づかされます。

共同体の心の拠《よ》りどころとしての神社は、地域をまとめ互助精神を育て、協調性を養い、神々や大自然を畏敬《いけい》し、祭祀《まつり》を通して神々に感謝を捧《ささ》げる祈りの場として、今日まで人々のたゆまぬ奉仕によって守られてきたのです。

本書を読まれて、日本人の生き方の中に八百万《やおよろず》の神々と人々が、いかに密接に関わり合っているかを少しでも知っていただき、日本の歴史や文化、伝統に誇りを持ち、心豊かに日々を精一杯生き抜く日本人らしさを思い起こしていただく機会になれば、このうえもない喜びです。

〈著者プロフィール〉
田中恆清（たなか・つねきよ）
1944年京都府生まれ。69年國學院大學神道学専攻科修了。平安神宮を経て、72年石清水八幡宮に奉職。2001年宮司に就任。神社本庁総長、京都府神社庁長、全国八幡宮連合総本部長、一般財団法人日本文化興隆財団理事長、一般財団法人神道文化会会長、公益財団法人京都文化財団評議員、一般社団法人日本国際文化協会理事長、公益財団法人日本宗教連盟理事、世界連邦日本宗教委員会会長などを務める。主な著書に『神道のちから』（学研パブリッシング）、『謎多き神 八幡様のすべて』（新人物往来社）、『八幡大神 鎮護国家の聖地と守護神の謎』（監修・戎光祥出版）などがある。

神様が教えてくれた幸運の習慣
2014年9月20日　第1刷発行

著　者　田中恆清
発行人　見城 徹
編集人　福島広司

GENTOSHA

発行所　株式会社 幻冬舎
〒151-0051　東京都渋谷区千駄ヶ谷4-9-7
電話　03(5411)6211(編集)
03(5411)6222(営業)
振替00120-8-767643
印刷・製本所　中央精版印刷株式会社

検印廃止

ISBN978-4-344-02639-1　C0095
幻冬舎ホームページアドレス　http://www.gentosha.co.jp/

この本に関するご意見・ご感想をメールでお寄せいただく場合は、
comment@gentosha.co.jpまで。